AF312172

ESTAMPES ORIGINALES

MODERNES

Eaux-Fortes * Lithographies

VENTE

Le Mercredi 7 Juin 1893

IMPRIMERIE MAULDE ET RENOU

A. MAULDE & Cⁱᵉ

IMPRIMEURS DE LA COMPAGNIE DES COMMISSAIRES-PRISEURS

Rue de Rivoli, 144

Vente du Mercredi 7 Juin 1893

EAUX-FORTES ORIGINALES

LITHOGRAPHIES

Bracquemond, Boutet

Desboutin, Guérard, Legrand. Lunois, Manet, Renouard

Rops, H. Somm, Whistler

ŒUVRES ORIGINALES

DE

Félix BUHOT, Norbert GŒNEUTTE, Seymour HADEN

James TISSOT

Provenant de la Collection de M. H. G.

DONT LA VENTE AUX ENCHÈRES PUBLIQUES AURA LIEU

HOTEL DES COMMISSAIRES-PRISEURS

RUE DROUOT, 9, SALLE N° 9

Le Mercredi 7 Juin 1893

A UNE HEURE ET DEMIE

Par le ministère de Me **Maurice DELESTRE,** Commissaire-Priseur,
rue Drouot, 27

Assisté de **M. L. DUMONT,** Expert, Marchand d'Estampes,
rue Laffitte, 27

PARIS — 1893

CONDITIONS DE LA VENTE

———

Elle sera faite au comptant.

Les Acquéreurs paieront cinq pour cent en sus des enchères, applicables aux frais.

M. DUMONT, chargé de la direction de la vente, se réserve la faculté de rassembler ou de diviser les lots.

M. DUMONT remplira les commissions des personnes qui ne pourraient asister à la vente.

———

L'ordre du Catalogue sera suivi.

———

MM. les Amateurs pourront examiner les Estampes chez M. L. DUMONT, 27, rue Laffitte, *pendant les huit jours précédant la vente, de une heure à six heures du soir.*

A. Maclde et Cie, imprimeurs de la Compagnie des Commissaires-Priseurs
rue de Rivoli, 144.   600—33587

DÉSIGNATION

ABRAHAM (Tancrède)

1 — Le Puits des Roches. — Paysages.

Trois pièces, très belles épreuves d'artiste.

ADELINE, BALLIN, NICOLLE

2 — Vues de Rouen.

Huit pièces, très belles épreuves d'artiste, dont six sur Japon.

ALBERT (A.)

3 — Parisienne.

Très belle épreuve d'artiste. Signée.

APPIAN

4 — Barques de pêche à Collioure. — Le Port de San Remo.

Deux pièces, très belles épreuves d'artiste sur Japon.

BASTIEN-LEPAGE

5 — Faucheur aiguisant sa faux.

Très belle épreuve d'artiste sur parchemin.

BESNARD (A.)

6 — Fillette et sa poupée.

Très belle épreuve d'artiste. Rare.

7 — La plus haute expression d'un sentiment vague.

Très belle épreuve d'artiste. Rare.

BOILVIN

8 — Agacerie.

Très belle épreuve d'artiste sur Japon.

9 — Bivouac sous les murs de Metz.

Très belle épreuve d'artiste.

10 — Scène de Rabelais.

Très belle épreuve d'artiste.

BONVIN (F.)

11 — Bords de la Rance. — Le Joueur de guitare. — Vue de Londres.

Trois pièces, très belles épreuves d'artiste.

BORET (DE) et ULM

12 — Almanach, douze planches et un titre.

Très belles épreuves.

BOUTET (H.)

13 — Sur le Pont des Arts.

Très belle épreuve d'artiste sur Japon. Signée.

14 — En course.

Très belle épreuve d'artiste sur Japon.

15 — Tête de jeune Fille.

Très belle épreuve d'artiste avec remarque sur Japon.

BOUTET (H.)

16 — Nocturne.

Très belle épreuve d'artiste sur Japon.

17 — Croquis parisiens.

Douze pièces, très belles épreuves d'artiste sur Japon.

18 — Calendrier 1889. — Croquis d'un enfant buvant — Jeune Femme mettant son corset, etc.

Douze pièces, très belles épreuves.

19 — Menus parisiens.

Trente-deux pièces, très belles épreuves d'artiste sur Japon.

BRAQUEMOND (F.)

20 — Fernand (Cat. H. Béraldi 43).

Très belle épreuve d'artiste sur Japon.

21 — Meyer Heine (B. 80).

Très belle épreuve du 1ᵉʳ état.

22 — La même Estampe.

Très belle épreuve du 2ᵉ état.

23 — Nuée d'orage (B. 219).

Très belle épreuve du 2ᵉ état sur Japon. Il n'a été tiré que six épreuves de cet état.

24 — La même Estampe.

Très belle épreuve d'artiste.

25 — Ils s'en allaient dodelinant (B. 125).

Très belle épreuve du 2ᵉ état sur papier ancien. Il n'a été tiré que quatre épreuves de cet état.

26 — La même Estampe.

Très belle épreuve tirée sans lettre.

BRENDEL, BURNAND, etc.

27 — Intérieur de bergerie. — Troupeau de bœufs au bord de la mer. — Paysages, etc.

Sept pièces, très belles épreuves d'artiste, dont trois sur Japon.

BRESDIN (R.)

28 — Le bon Samaritain.

Très belle épreuve d'artiste sur Chine.

29 — Intérieur flamand. — La Sainte-Famille. — La Comédie de la mort.

Quatre pièces, très belles épreuves sur Chine.

BRETON, CHAUVEL, BEAUVERIE, etc.

30 — Clair de lune. — Environ de Rouen. — Cour de ferme. — Un Ane dans un pré, etc.

Douze pièces, très belles épreuves d'artiste.

BRISPOT, BERNE-BELLECOUR, etc.

31 — Une Maîtrise. — Japonaise au bord de la mer. — Poverella.

Trois pièces, très belles épreuves d'artiste sur Japon.

BROWN (John-Lewis)

32 — A la Croix-de-Berny (Lithographie).

Très belle épreuve d'artiste.

33 — En reconnaissance.

Très belle épreuve d'artiste avec remarque.

34 — Étude de Cheval.

Très belle épreuve d'artiste sur Chine.

BUHOT (Félix)

35 — Les Anes de la Butte-aux-Cailles (Cat. H. Béraldi 35).

Très belle épreuve d'artiste.

36 — Maison du xviiie siècle (B. 84).

Très belle épreuve d'artiste sur Japon.

37 — Les Gardiens du logis (B. 85).

Superbe épreuve d'artiste.

38 — Un Grain à Trouville (B. 122).

Très belle épreuve du 1er état.

39 — La même Estampe.

Très belle épreuve du 2e état avec croquis dans les marges.

40 — Frontispice pour l'*Illustration nouvelle* (B. 124).

Superbe épreuve d'artiste.

41 — Le 20 Mars aux Champs-Elysées (B. 125).

Très belle épreuve.

42 — L'Hiver à Paris, la place Bréda (B. 128).

Très belle épreuve d'artiste.

43 — La place Pigalle (B. 129).

Superbe épreuve d'artiste sur papier essencé. Signée.

44 — Débarquement en Angleterre (B. 130).

Très belle épreuve d'artiste sur papier essencé.

45 — Une Jetée en Angleterre (B. 132).

Superbe épreuve d'artiste avec croquis dans les marges.

46 — La Traversée (B. 143).

Superbe épreuve d'artiste avec croquis dans les marges. Très rare

BUHOT (Félix)

47 — Le Peintre de marines (B. 146).
Superbe épreuve d'artiste.

48 — Les Voisins de campagne (B. 148).
Superbe épreuve d'artiste.

49 — Les petites Chaumières (B. 149).
Superbe épreuve d'artiste.

50 — Les grandes Chaumières (B. 150).
Superbe épreuve d'artiste.

51 — Les Bergeries (B. 151).
Superbe épreuve d'artiste.

52 — Le petit Enterrement (B. 154).
Très belle épreuve d'artiste, tirée en bleu, sur papier essencé.

53 — Environs de Gravesend (B. 157).
Superbe épreuve du 2ᵉ état. Très rare.

54 — La même Estampe.
Très belle épreuve du 3ᵉ état sur papier essencé. Signée.

55 — Le Hibou (Pauca Paucis) (B. 161).
Superbe épreuve d'artiste, tirée en deux tons. Très rare.

56 — La Taverne du Bagne (B. 163).
Superbe épreuve d'artiste avec croquis dans les marges.

57 — Les Oies.
Très belle épreuve d'artiste. Signée. Très rare.

58 — Les Fiacres. — Un grain à Trouville.
Deux pièces, très belles épreuves.

BUTIN (U.)

59 — L'Attente.

Très belle épreuve d'artiste.

CASANOVA

60 — Le Sourd.

Très belle épreuve d'artiste.

CHAUVET, CHAMPOLLION

61 — Le vieux Paris. — Ses derniers vestiges, dessinés d'après nature et gravés à l'eau-forte.

Texte et vingt planches, très belles épreuves.

CHIFFLART

62 — Improvisations sur cuivre.

Suite complète de quinze pièces dans la couverture de publication, très belles épreuves d'artiste.

DEGAS

63 — Programme pour la soirée des Anciens Élèves du lycée de Nantes (Lithographie).

Très belle épreuve. Très rare.

DELATRE (A)

64 — Vue de Paris.

Très belle épreuve d'artiste. Signée.

DESBOUTIN (M.

65 — Le Repos (Cat. B. 8).

Très belle épreuve d'artiste.

66 — La sortie de Bébé (B. 9).

Très belle épreuve d'artiste avec le monogramme.

DESBOUTIN (M.)

67 — La même Estampe.

Très belle épreuve d'artiste.

68 — La duchesse Colonna (B. 14).

Très belle épreuve d'artiste.

69 — Dailly, rôle de Mes-Bottes *(Assommoir)* (B. 16).

Très belle épreuve d'artiste.

70 — Le comte Lepic (grande planche) (B. 20).

Très belle épreuve d'artiste sur Chine volant.

71 — Mademoiselle Mou-Mou (B. 154).

Très belle épreuve d'artiste sur Japon.

DESBROSSES, HÉREAU, etc.

72 — La Mare aux Grenouilles. — Le Lac Némi. — Mon
Ane, etc.

Huit pièces, très belles épreuves d'artiste.

DETAILLE (E.

73 — Vedette de Cuirassiers.

Très belle épreuve d'artiste sur Japon.

DETOUCHE (H.

74 — Buste de jeune Femme.

Très belle épreuve d'artiste sur Japon.

DILLON

75 — A Fernando.

Très belle épreuve d'artiste sur Chine.

DILLON

76 — Le Modèle vivant. — Chinoiserie. — Croquis d'Enfants.

> Cinq pièces, très belles épreuves d'artiste sur pelure et sur Chine.

DORÉ (G.)

77 — Une Famille de saltimbanques, lithographie en couleur.

> Très belle épreuve.

78 — Un vieux Lion. — L'Arioste.

> Deux pièces, très belles épreuves d'artiste.

79 — L'Ogre et sa Femme. — Au bord de l'eau. — Scène militaire, etc.

> Huit pièces, belles épreuves d'artiste sur Chine.

DUEZ

80 — Jeune Femme.

> Très belle épreuve d'artiste.

DURAN (Carolus)

81 — Souvenir de Venise.

> Très belle épreuve d'artiste.

EDWARDS, LANSYER, etc.

82 — La Sulina. — La Fontaine. — Paysages.

> Quatre pièces, très belles épreuves d'artiste.

FEYEN-PERRIN, FRANÇAIS, etc.

83 — La Fille du Pêcheur. — Le Puits, etc.

> Quatre pièces, très belles épreuves d'artiste.

FLAMENG

84 — Sauvée.

    Très belle épreuve d'artiste.

FORTUNY

85 — Maréchal-Ferrant au Maroc.

    Très belle épreuve.

86 — Muletier.

    Très belle épreuve.

87 — Maître des cérémonies.

    Très belle épreuve.

GÉROME

88 — César mort.

    Très belle épreuve d'artiste.

GERVEX (II.)

89 — La première Communion.

    Très belle épreuve d'artiste.

GŒNEUTTE (Norbert)

90 — Anvers, vue du Port.

    Très belle épreuve d'artiste. Signée.

91 — Anvers.

    Très belle épreuve d'artiste. Signée.

92 — Anvers (Autre vue).

    Très belle épreuve d'artiste. Signée.

93 — La Tête de Flandre (Anvers).

    Très belle épreuve d'artiste. Signée.

GŒNEUTTE (Norbert)

94 — Canal à Rotterdam. — Moulin à Rotterdam.

Deux pièces, belles épreuves d'artiste. Signées.

95 — Venise, entrée des jardins publics.

Très belle épreuve d'artiste. Signée.

96 — Venise, station de gondoles au Traghetto.

Très belle épreuve d'artiste. Signée.

97 — Venise, le Rialto.

Très belle épreuve d'artiste. Signée.

98 — Venise, sur le Rialto.

Très belle épreuve d'artiste. Signée.

99 — Venise, construction de bateaux.

Très belle épreuve d'artiste. Signée.

100 — Venise, Piagozzo.

Très belle épreuve d'artiste. Signée.

101 -- Venise, la Piazetta.

Très belle épreuve d'artiste. Signée.

102 — Venise, un Ponton.

Deux pièces, très belles épreuves d'artiste, dont une du 1er état. Signées.

103 — Le Pont-Neuf à Paris.

Très belle épreuve. Signée.

104 — Le Havre, bassin du Commerce.

Très belle épreuve d'artiste. Signée.

105 -- Dieppe, effet de pluie.

Très belle épreuve d'artiste. Signée.

106 — Les Andelys.

Deux pièces, très belles épreuves d'artiste, dont une du 1er état. Signées.

GŒNEUTTE (NORBERT)

107 — Moulin à Saint-Jacut-de-la-Mer.
Très belle épreuve d'artiste. Signée.

108 — Le Lavoir de Plailly.
Très belle épreuve d'artiste. Signée.

109 — Marseille, le vieux Port.
Très belle épreuve d'artiste. Signée.

110 — Maud P. S.
Très belle épreuve d'artiste. Signée.

111 — Le Concert.
Très belle épreuve d'artiste. Signée.

112 — La Plage.
Très belle épreuve d'artiste. Signée.

113 — Somnolence.
Très belle épreuve d'artiste. Signée.

114 — La Partie de dames.
Très belle épreuve d'artiste. Signée.

115 — Les Champs-Élysées.
Très belle épreuve d'artiste sur Japon. Signée.

116 — La Lettre.
Très belle épreuve d'artiste. Signée.

117 — Réflexion.
Très belle épreuve d'artiste sur Japon. Signée.

118 — Henri Guérard.
Deux portraits différents, très belles épreuves d'artiste. Signées.

119 — Couseuse. — Jeune Femme sur une jetée.
Deux pièces, très belles épreuves d'artiste. Signées.

GŒNEUTTE (Norbert)

120 — Femme assise sur un canapé.

Très belle épreuve d'artiste.

121 — Le Clown. — Étude.

Deux pièces, très belles épreuves d'artiste. Signées.

GONCOURT (J. de)

122 — Notice et Catalogue par Ph. Burty, avec vingt et une eaux-fortes réunies dans un cartonnage.

Très belles épreuves d'artiste.

GUÉRARD (H.)

123 — Calendrier de 1884 (Cat. H. Béraldi 35).

Très belle épreuve d'artiste. Signée.

124 — Le vieux Guitariste (B. 213).

Très belle épreuve d'artiste. Signée.

125 — Clair de lune (B. 416).

Très belle épreuve d'artiste. Signée. Tirage en couleur.

126 — Azor, essai en couleur (B. 447).

Très belle épreuve d'artiste. Signée.

127 — Carmen (B. 451).

Très belle épreuve d'artiste. Signée.

128 — Jeune Négresse, essai en couleur.

Très belle épreuve d'artiste. Signée.

129 — Faure, rôle d'Hamlet, d'après Manet (B. 481).

Très belle épreuve d'artiste.

130 — Polichinelle. — Vase de cristal.

Deux pièces, très belles épreuves d'artiste.

HADEN (Seymour)

131 — Entrée du Château de Mytton (Mytton hall) (Cat.
H. Béraldi 13).

> Très belle épreuve d'artiste sur Japon. Signée.

132 — L'Écluse d'Egham (B. 15).

> Très belle épreuve d'artiste.

133 — Vue prise d'une fenêtre de la maison de l'artiste
(B. 17).

> Très belle épreuve d'artiste.

134 — Fulham (B. 18).

> Très belle épreuve d'artiste.

135 — Kidwelly (B. 22).

> Très belle épreuve d'artiste. Signée.

136 — Vue d'Amsterdam (B. 37).

> Très belle épreuve d'artiste.

137 — La Tamise à Battersea (B. 45).

> Très belle épreuve du 1er état.

138 — La même Estampe.

> Très belle épreuve du 2e état, avec le chat.

139 — Maison de Whistler au vieux Chelsea (B. 47).

> Très belle épreuve à l'étoile. Signée.

140 — Newcastle in Emlyn (B. 55).

> Très belle épreuve d'artiste.

141 — L'Abreuvoir à Kenarth (B. 57).

> Très belle épreuve d'artiste. Signée.

142 — Château de Kilgaren (B. 58).

> Très belle épreuve d'artiste.

HADEN (Seymour)

143 — La Tamise (B. 64).
Très belle épreuve d'artiste.

144 — Le Bac de Brentford (B. 66).
Très belle épreuve d'artiste.

145 — La Promenade au bord de l'eau (Towing path) (B. 67).
Très belle épreuve d'artiste.

146 — Shepperton (B. 71).
Très belle épreuve d'artiste.

147 — Kew sur la Tamise (B. 73).
Très belle épreuve d'artiste sur Japon. Signée.

148 — La même Estampe.
Très belle épreuve d'artiste.

149 — La Jetée de Calais (B. 87).
Très belle épreuve d'artiste sur Chine volant.

150 — Berge de la rivière à Sonning (B. 105).
Très belle épreuve d'artiste sur Japon.

151 — Le Troupeau de Daims (Werrington) (B. 115).
Très belle épreuve d'artiste.

152 — Les mains qui gravent à la pointe sèche (B. 143).
Très belle épreuve d'artiste.

153 — L'Écluse (B. 152).
Très belle épreuve d'artiste. Signée.

154 — Dusty millers (les Meuniers poudreux) (B. 105).
Très belle épreuve d'artiste sur Japon..

155 — Porte du Château à Burgos (Grim Spain) (B. 168).
Très belle épreuve d'artiste sur Japon.

HÉDOUIN (Éd.)

156 — Le Printemps. — Idylle. — Aischa.

Trois pièces, très belles épreuves d'artiste.

HUET (Paul)

157 — Les Sources de Royat.

Très belle épreuve d'artiste sur Chine.

LALAUZE

158 — Pêcheuse d'huîtres. — Le Guet-Apens. — La Balançoire, etc.

Quatre pièces, très belles épreuves d'artiste.

LEGRAND (L.)

159 — Elle va venir.

Très belle épreuve d'artiste.

160 — La Politique.

Très belle épreuve d'artiste.

161 — Une Pierreuse.

Très belle épreuve d'artiste.

LEGROS (A.)

162 — La Charrue.

Très belle épreuve d'artiste sur Chine volant.

163 — Le grand Espagnol.

Très belle épreuve d'artiste sur Chine volant.

164 — Gambetta.

Très belle épreuve d'artiste. Signée.

LELOIR (Louis)

165 — Un Raffiné.

Très belle épreuve d'artiste.

LELOIR (MAURICE)

166 — Trompette de Hussards. — Frontispice.

Deux pièces, très belles épreuves dont une d'artiste sur Japon.

LEPÈRE (A.)

167 — Rue de la Montagne-Sainte-Geneviève. — Vue de Paris prise du pont d'Austerlitz.

Deux pièces, très belles épreuves d'artiste sur pelure.

LEPIC (Comte)

168 — Encadrement pour un programme.

Très belle épreuve d'artiste.

169 — Pour les Pauvres.

Très belle épreuve d'artiste.

170 — Comment je devins graveur à l'eau-forte. — La Gravure à l'eau-forte, essai historique par Raoul de Saint-Arroman, texte et dix-huit planches.

Très belles épreuves d'artiste.

LHERMITTE

171 — Les Vendanges.

Très belle épreuve d'artiste.

LUNOIS

172 — Femmes arabes tissant un burnous.

Très belle épreuve d'artiste sur Japon. Signée.

173 — Jeune Femme à l'écran.

Très belle épreuve d'artiste sur Japon.

174 — Convalescente.

Très belle épreuve d'artiste sur pelure. Signée.

LUNOIS

175 — Femme faisant le pain.

Très belle épreuve d'artiste sur Japon. Signée.

176 — La belle Tulipe.

Très belle épreuve d'artiste sur Japon. Signée.

177 — L'Adoration nocturne du Saint-Sacrement.

Très belle épreuve d'artiste sur pelure. Signée.

178 — Au Paradis.

Très belle épreuve d'artiste. Signée.

MANET (E.)

179 — Lola de Valence (Cat. H. Béraldi 3).

Très belle épreuve.

180 — Mademoiselle B... orizot (B. 54 et 55).

Deux pièces, l'une au trait, l'autre terminée. Épreuves d'artiste sur Chine.

181 — La mort de Maximilien (B. 56).

Très belle épreuve d'artiste sur Chine.

182 — La Barricade (B. 57).

Très belle épreuve d'artiste sur Chine.

183 — Guerre civile (B. 58).

Très belle épreuve sur Chine.

184 — Les Courses (B. 59).

Très belle épreuve d'artiste sur Chine

185 — Le Gamin (B. 60).

Très belle épreuve sur Chine.

186 — Au Paradis (B. 61).

Très belle épreuve d'artiste sur Chine volant.

MANET (E.)

187 — Polichinelle, lith. en couleur (B. 72).

Très belle épreuve d'artiste sur Japon. Signée du monogramme de l'artiste.

MAURIN (Ch.)

188 — Jeune Femme à sa toilette.

Très belle épreuve d'artiste.

MICHELIN

189 — L'Inondation. — L'Étang. — Souvenir du Bas-Bréau.

Trois pièces, très belles épreuves d'artiste.

MITCHELL (J.-A.)

190 — A travers l'Exposition de 1878.

Douze croquis à l'eau-forte, très belles épreuves dans la couverture de publication.

MONZIÈS

191 — L'Amateur. — Le Modèle. — Joueur de Mandoline.

Trois pièces, très belles épreuves d'artiste.

NANTEUIL (Cel.), JOHANNOT

192 — Le Sang des Géants. — Henrichetta. — La Combe de l'homme mort, etc.

Quatre pièces, très belles épreuves d'artiste.

NEUVILLE (de)

193 — Dans la tranchée.

Très belle épreuve d'artiste sur Japon.

NITTIS (DE)

194 — Derrière l'éventail.

Très belle épreuve d'artiste.

195 — La Danseuse Hoïoka-go-zen. — Gabrielle.

Deux pièces, très belles épreuves d'artiste.

O'CONNEL (Mme)

196 — Son portrait. — Sainte Madeleine. — Études.

Quatre pièces, très belles épreuves d'artiste sur Chine.

PROTAIS

197 — Metz.

Très belle épreuve d'artiste.

RENOUARD (PAUL)

198 — Bons Conseils.

Très belle épreuve d'artiste. Signée.

199 — Loge de M. le Directeur.

Très belle épreuve d'artiste. Signée.

200 — Le Harpiste.

Très belle épreuve d'artiste. Signée.

201 — Toits de l'Administration.

Très belle épreuve d'artiste. Signée.

202 — Saut à la barre.

Très belle épreuve d'artiste. Signée.

203 — Tableau des répétitions. — Escalier des classes.
— Salut.

Trois pièces, très belles épreuves d'artiste.

204 — Le 3e acte de *Faust*.

Deux pièces différentes, très belles épreuves d'artiste.

RENOUARD (Paul)

205 — Le Comparse. — Le Charpentier de l'Opéra.
Deux pièces, très belles épreuves d'artiste.

206 — La Statue du Commandeur. — Répétiton d'Hamlet. — L'Africaine.
Trois pièces, très belles épreuves d'artiste.

207 — Classes de danse.
Trois pièces différentes, très belles épreuves d'artiste.

208 — Côté des Abonnés. — Sur les Toits.
Deux pièces, très belles épreuves d'artiste.

209 — Croquis d'Animaux.
Vingt planches tirées en couleur, réunies en un volume cartonné.

RIBOT (T.)

210 — Une bonne Pipe. — Portrait de vieille Femme.
Deux pièces, très belles épreuves d'artiste. Rares.

211 — Le Contrebandier. — Portrait. — Le Repas des Cuisiniers. — L'Épluchage.
Quatre pièces, très belles épreuves d'artiste dont deux sur Japon.

ROBIDA

212 — Un Jour de brouillard. — Sur l'herbe. — Souvenir de l'Exposition de 1889.
Trois pièces, très belles épreuves d'artiste sur Chine.

213 — Le Mont Saint-Michel. — Vues de Bretagne et de Normandie.
Quatorze pièces, très belles épreuves d'artiste sur Chine.

ROC BIHAN (Aufray de)

214 — L'Abreuvoir. — Retour de l'Étude.
Deux pièces, très belles épreuves d'artiste sur Japon. Signées.

ROPS (F.)

215 — Les Chansons de Collé. — L'Ariette. — L'Oracle du hameau, etc.

Quatre pièces, très belles épreuves.

216 — A l'Affût.

Très belle épreuve d'artiste.

217 — Les Amusements des Dames de Bruxelles.

Très belle épreuve du 1er état. Signée.

218 — Aux Folies-Bergère.

Très belle épreuve d'artiste.

219 — Maturité, planche d'ensemble.

Très belle épreuve d'artiste.

220 — La Dernière incarnation de Vautrin.

Très belle épreuve sur Chine.

ROYBET

221 — Un Fou sous Henri III. — Joueur d'échecs.

Trois pièces, très belles épreuves dont deux d'artiste.

SCHENNIS

222 — Clair de lune.

Très belle épreuve d'artiste avec remarque sur Japon.

SOMM (H.)

223 — Japonisme.

Très belle épreuve d'artiste sur Japon. Signée.

224 — Mon Carnet ; suite de onze croquis d'après nature, dans la couverture et avec des croquis à la plume.

Très belles épreuves d'artiste sur Japon.

SOMM (H.)

225 — La même suite.

Très belles épreuves d'artiste.

226 — Invitation du Chat-Botté. — L'Auberge du Clou. — Intérieur parisien. — Sous les feuilles, etc.

Dix pièces, très belles épreuves d'artiste sur Japon. Signées.

227 — Calendrier de 1882.

Trois pièces, très belles épreuves d'états différents sur Japon. Signées.

228 — Calendrier de 1890.

Très belle épreuve d'artiste sur Japon. Signée.

229 — Calendrier de 1891.

Très belle épreuve d'artiste sur Japon. Signée.

230 — Frontispice. — Programme.

Quatre pièces, très belles épreuves.

SONNETS ET EAUX-FORTES

231 — Eaux-fortes par FLAMENG, GAUCHEREL, MORIN, RÉGAMEY, VEYRASSAT, etc.

Treize pièces, très belles épreuves d'artiste.

TISSOT (JAMES)

232 — Convalescente (Cat. H. Béraldi 1).

Très belle épreuve d'artiste. Signée.

233 — Le Chapeau Rubens (B. 2).

Très belle épreuve d'artiste sur papier ancien. Signée.

234 — Le premier Homme tué que j'ai vu (B. 12).

Très belle épreuve d'artiste. Signée.

TISSOT (James)

235 — Portrait de miss L... (Il faut qu'une porte soit ouverte ou fermée) (B. 16).

Très belle épreuve d'artiste.

236 — Printemps (B. 27).

Très belle épreuve d'artiste sur Japon. Signée.

237 — Trafalgar, Greenwich (B. 28).

Très belle épreuve d'artiste sur papier ancien. Signée.

238 — Le Crocket (B. 29).

Très belle épreuve d'artiste sur papier ancien. Signée.

239 — Le Joueur d'orgue (B. 30).

Très belle épreuve d'artiste sur papier ancien. Signée.

240 — Le Hamac (B. 37).

Très belle épreuve d'artiste sur papier ancien. Signée.

241 — Rêverie (B. 43).

Très belle épreuve d'artiste sur Japon. Signée.

242 — L'Enfant prodigue, suite complète de quatre pièces et une couverture (B. 48 à 52).

Très belles épreuves.

243 — Le Journal (B. 64).

Très belle épreuve d'artiste. Signée.

TOUSSAINT

244 — Tombeau dans une église. — Études de Marins.

Deux pièces, très belles épreuves d'artiste avec dédicace.

VAN MARCKE, DIVERS, etc.

245 — Dans les herbages. — L'Orage. — Paysages, etc.

Huit pièces, très belles épreuves d'artiste.

VIERGE

246 — A la Brasserie.

Très belle épreuve d'artiste sur Japon.

VOGEL

247 — Menu pour le dîner des Amis des Lettres.

Très belle épreuve d'artiste sur Japon.

WHISTLER

248 — Little Arthur.

Très belle épreuve d'artiste sur Japon.

249 — La Nourrice.

Très belle épreuve d'artiste.

250 — Liverdun.

Très belle épreuve d'artiste.

251 — Putney bridge.

Très belle épreuve d'artiste sur Japon.

252 — Limehouse.

Très belle épreuve d'artiste sur Japon.

YON (Ed.)

253 — Paysages.

Cinq pièces, très belles épreuves d'artiste.

———

254 — Sous ce numéro seront vendus les Estampes non cataloguées et les Portefeuilles de la collection.